EL LÍDER
FENOMENAL
EN MÍ

LUCIE S. MATSOUAKA

*A cada niño que
Aspira a cambiar el mundo*

CONTENIDO

INTRODUCCIÓN

¡Hola, cariño!

Soy tu amigo, Lucie.

¿Alguna vez te has preguntado qué hace que un líder sea grandioso o fenomenal? ¿Qué cualidades poseen los grandes líderes que los distinguen de los demás?

Tenía tantas esperanzas, sueños y aspiraciones cuando tenía tu edad. Soñaba con algún día estar en condiciones de hacer algunos cambios en la sociedad. Al igual que tú, estaba ansioso por convertirme en un adulto, para poder tener el poder de hacer lo que quería. Lo que no sabía es que los líderes fenomenales tienen algo que los demás no tienen: tienen cualidades excepcionales. Algunas de estas cualidades nos las enseñan nuestros padres, maestros, líderes espirituales y otros adultos que nos aman y cuidan. Otros se aprenden de grandes libros, documentales, podcasts o incluso de la vida cotidiana. Lo más importante que pasé por alto es que no tenía que esperar hasta ser adulto para convertirme en líder. Pude haber comenzado hace mucho tiempo, con lo que sabía y lo que tenía, para crear un impacto positivo en la vida de quienes me rodeaban todos los días. ¿Te gustaría saber cómo puedes hacer eso?

Bueno, ¡te espera un regalo! Este libro trata sobre las asombrosas cualidades del líder excepcional en el que te convertirás. Emprendamos un viaje para explorar las características que hacen que un líder se destaque. Aprenderá sobre el coraje, la integridad, el trabajo duro y muchos otros rasgos que poseen los líderes increíbles. Le sugiero que lea una historia cada noche antes de acostarse y luego discuta lo que ha aprendido con alguien (por ejemplo, un padre o un hermano mayor).

Al final de este libro, tendrá una mejor comprensión de lo que se necesita para ser un líder. ¿Estás listo para convertirte en el líder fenomenal que naciste para ser?

¡Bienvenido al mundo del liderazgo!

ACTITUD

Érase una vez una niña llamada Anna. Siempre estaba de mal humor y se quejaba de todo. Se quejaba del clima, la comida e incluso de sus juguetes. Sus amigos y familiares intentaron animarla, pero nada funcionó.

Un día, la madre de Anna la llevó al parque a hacer un picnic. Extendieron una manta, se sentaron juntos y comenzaron a comer sus sándwiches. De repente, empezó a llover y la madre de Anna sugirió que hicieran las maletas y se fueran a casa. Pero Anna no estaba contenta y comenzó a quejarse de que la lluvia arruinaba su picnic.

Mientras caminaban a casa, vieron a un grupo de niños jugando bajo la lluvia, riéndose y pasándoselo muy bien. La madre de Anna sugirió que también se unieran y jugaran bajo la lluvia. Al principio, Anna dudaba, pero decidió intentarlo.

Para su sorpresa, descubrió que jugar bajo la lluvia era divertido. Se rió y sonrió y sintió una sensación de alegría que nunca antes había sentido. Se dio cuenta de que tener una buena actitud marcaba la diferencia. Ya no se quejaba del clima y buscaba maneras de divertirse, sin importar nada.

La madre de Anna estaba tan orgullosa de ella que hizo nuevos amigos. Anna aprendió la importancia de tener una buena actitud y cómo podría cambiar todo su día.

EL FIN

Ejemplo En La Vida Real

Nelson Mandela fue un líder importante que vivió en un país llamado Sudáfrica. Una de las cosas que lo convirtió en un gran líder fue su actitud positiva. Aunque pasó veintisiete años en prisión, nunca perdió la esperanza. Creía en el perdón y en trabajar juntos para mejorar las cosas.

La actitud positiva de Mandela lo ayudó a ser un buen líder de muchas maneras. La gente confiaba en él y quería seguirlo.

En general, la actitud positiva de Mandela fue muy importante para su liderazgo. Le ayudó a construir relaciones con la gente, mantener su apoyo y hacer cambios positivos en Sudáfrica. Su actitud demostró que incluso en situaciones difíciles, tener una buena perspectiva y ser amable y comprensivo puede ayudar a marcar la diferencia.

Lucie S. Matsouaka

AUTENTICIDAD

Érase una vez un pajarito llamado Tweet. A Tweet le encantaba cantar y chirriar, pero nunca estaba del todo satisfecho con su voz. Quería sonar como los otros pájaros del bosque, así que copió sus canciones y trató de cantar como ellos.

Un día, Tweet estaba cantando con todos los demás pájaros cuando una hermosa canción le llamó la atención. Era la canción más hermosa que jamás había escuchado, y la cantaba un pequeño pájaro llamado Birdie. Birdie tenía una voz dulce y melódica, y Tweet tenía envidia. Decidió intentar cantar como Birdie, así que comenzó a copiar cada nota de ella. Pero no importaba lo mucho que lo intentara, simplemente no podía hacerlo bien. Los otros pájaros empezaron a notarlo y no les gustó. Le dijeron a Tweet que estaba siendo un imitador y que debería cantar su propia canción.

El tuit estaba confundido. No entendía por qué estaba mal cantar como otra persona. Pero luego se dio cuenta de que las voces que admiraba eran hermosas porque eran únicas y que debería estar orgulloso de su propia voz.

Entonces, al día siguiente, Tweet cantó su propia canción y fue hermosa. A los otros pájaros les encantó, diciéndole lo asombroso que era. Tweet estaba muy feliz y se sentía orgulloso de sí mismo. Aprendió que ser auténtico era lo más importante y que nunca debía tratar de ser alguien que no era.

A partir de entonces, Tweet cantó con orgullo sus propias canciones. Finalmente estaba feliz y satisfecho con quien era.

EL FIN

Pregunta

¿Cómo puedes practicar ser más auténtico en tu vida diaria?

VALENTÍA

Érase una vez una niña llamada Sara que vivía en un pequeño pueblo. Sarah era un alma amable y gentil, pero también era muy tímida y tenía miedo de muchas cosas. Un día, mientras caminaba por el bosque, Sarah se topó con un perro herido. El perro estaba demasiado herido para caminar y necesitaba ayuda desesperadamente.

Sarah estaba asustada y no sabía qué hacer. Tenía miedo de acercarse demasiado al perro y lastimarse. Pero entonces recordó un viejo dicho que le decía su madre: "La valentía no es la ausencia del miedo, sino el triunfo sobre él". Sarah se dio cuenta de que sería valiente de su parte ayudar al perro, a pesar de lo asustada que estaba.

Con una respiración profunda, Sarah se acercó al perro lentamente. Ella lo recogió con cuidado y lo sostuvo cerca de su pecho. Luego llevó al perro de regreso a su pueblo, donde lo cuidó y lo ayudó a mejorar. Con el tiempo, el perro se fortaleció y pudo volver a caminar.

Sarah estaba orgullosa de sí misma por ser valiente y ayudar al perro. Aprendió que la valentía no se trata solo de enfrentar el peligro físico, sino también de enfrentar los miedos y hacer lo correcto, incluso si es difícil.

A partir de ese día, Sarah no tuvo miedo de enfrentar sus miedos y ayudar a los demás. El perro que salvó incluso se convirtió en su amigo de toda la vida y la visitaba con frecuencia.

EL FIN

Ejemplo En La Vida Real

Martin Luther King Jr. fue un líder de derechos civiles afroamericano que luchó por la igualdad de derechos para los negros en Estados Unidos durante las décadas de 1950 y 1960. Fue muy valiente porque se enfrentó a las leyes injustas y al trato de los negros, incluso cuando era peligroso para él hacerlo.

King encabezó protestas y manifestaciones pacíficas para crear conciencia sobre la discriminación y la segregación que enfrentaban los negros. Pronunció poderosos discursos, como su famoso discurso "Tengo un sueño", que inspiró a muchas personas a unirse a la lucha por los derechos civiles.

King enfrentó mucha oposición y, a menudo, fue recibido con violencia por parte de quienes no estaban de acuerdo con él. Fue arrestado muchas veces, e incluso su casa fue bombardeada. A pesar de estos peligros, siguió luchando por lo que creía correcto y nunca se dio por vencido.

Al final, la valentía y el liderazgo de King ayudaron a lograr cambios importantes en las leyes y la sociedad de Estados Unidos. Se le recuerda hoy como un héroe que luchó por la justicia y la igualdad para todas las personas.

OPCIONES

Érase una vez una niña llamada Lisa. Lisa amaba más que pasar tiempo con sus amigos, pero un día, sus amigos la invitaron a hacer algo que la hizo sentir incómoda.

Los amigos de Lisa querían colarse en la piscina del vecindario después de horas y nadar. Lisa sabía que eso estaba mal y que podría meterlos a todos en problemas, pero no quería decepcionar a sus amigos, así que aceptó.

Mientras nadaban y se divertían, un guardia de seguridad los atrapó y llamó a sus padres. Lisa se sintió avergonzada y culpable. Sus padres estaban decepcionados con ella. Sabía que había hecho una mala elección al irse con sus amigos.

Al día siguiente en la escuela, los amigos de Lisa se jactaban de lo que había pasado. Ella preguntó: "¿No te sientes culpable? ¿No te da vergüenza? Sus amigos respondieron: "¡No, no fue tan grave!". Lisa sabía que no podía volver a estar con ellos, así que tomó la difícil decisión de decirles que ya no podía ser parte de sus planes. Estaban molestos con ella, pero Lisa sabía que era lo correcto.

Cuando Lisa se fue a casa, se lo contó a sus padres y estaban muy orgullosos de ella por haber tomado la decisión correcta. Se sintió aliviada de no tener que ocultarles nada ni sentirse culpable. Encontró nuevos amigos que compartían sus valores y no la presionaron para que hiciera cosas que sabía que estaban mal.

A medida que crecía, Lisa siguió tomando decisiones que eran fieles a sus valores, incluso cuando era difícil. Aprendió que tomar la decisión correcta no solo se sentía bien, sino que también la ayudó a construir relaciones sólidas con personas que la respetaban por lo que era.

EL FIN

Ejemplo En La Vida Real

Martin Luther King Jr. tuvo que tomar muchas decisiones difíciles en su vida como líder del Movimiento por los Derechos Civiles. Una de las decisiones más difíciles fue decidir defender los derechos de los afroamericanos, aunque era peligroso. También tuvo que elegir cómo protestar sin violencia, incluso cuando otros usaron tácticas violentas.

A veces, King no estaba de acuerdo con los métodos de otros líderes, pero aun así los respetaba. King también tuvo que equilibrar sus deberes como esposo y padre con sus responsabilidades como figura pública.

A pesar de todas estas decisiones difíciles, King nunca dejó de luchar por la igualdad. Creía que era importante usar su voz e influencia para hacer un mundo mejor, incluso cuando era difícil y, a veces, aterrador.

COMPASIÓN

Érase una vez un niño llamado Toby. Era inteligente y fuerte, pero también muy malo con los demás. Siempre se burlaba de los niños que eran diferentes a él y nunca mostraba bondad a nadie.

Un día, mientras caminaba a casa desde la escuela, vio a un pequeño gatito que estaba perdido y triste. Estaba a punto de alejarse cuando escuchó los maullidos del gatito. Se detuvo y pensó en cómo se debe sentir el gatito, y se dio cuenta de que debía estar asustado y solo.

Toby sintió un sentimiento cálido en su corazón y decidió ayudar al gatito. Levantó al gatito en sus brazos y se lo llevó a casa. Le dio algo de comida y agua y jugó con él. Toby pidió a sus padres que lo ayudaran a encontrar a los dueños del gatito. Buscaron por todas partes, colocaron letreros en el vecindario y preguntaron a todos sus vecinos si reconocían al gatito.

Unos días después, se encontraron con una niña llamada Cheng. Cheng estaba sollozando. Estaba sentada en una pequeña roca con un letrero que decía: "Si encuentra un gatito, llame al número que aparece a continuación...". Toby corrió hacia ella y le dijo: "Creo que tengo a su gatito. Sígueme y te mostraré. Fueron a la casa de Toby y la pequeña saltó de emoción al ver al gatito, exultante de haberlo encontrado por fin después de muchos días de búsqueda. Toby sonrió y dijo: "Puedes llevártelo a casa. Lo cuidé bien. Ambos se hicieron buenos amigos y Cheng prometió ir a visitarlo con el gatito.

A partir de ese día, Toby aprendió la importancia de tener compasión por los demás. Descubrió que era mucho más feliz cuando ayudaba a los demás. Se dio cuenta de que ayudar a los demás puede traer alegría y felicidad tanto al que da como al que recibe.

EL FIN

Ejemplo En La Vida Real

La Madre Teresa fue una líder notable que mostró compasión por todos los que la rodeaban. Dedicó su vida a ayudar a los pobres, enfermos y marginados del mundo. Ella es un gran ejemplo de cómo todos podemos liderar nuestras propias vidas con compasión.

La compasión de la Madre Teresa fue evidente en todo lo que hizo. Vivió una vida sencilla y antepuso las necesidades de los demás a las suyas. A menudo se esforzaba por ayudar a la gente, incluso si eso significaba sacrificar su propia comodidad. Ella creía que cada persona era valiosa y merecía ser tratada con dignidad y respeto.

Una de las citas más famosas de la Madre Teresa es: "No todos podemos hacer grandes cosas. Pero podemos hacer cosas pequeñas con gran amor". Esta cita resume su enfoque de la vida y el liderazgo. Ella creía que incluso el acto de bondad más pequeño podía marcar una gran diferencia en la vida de alguien.

CUMPLIDO

Érase una vez, en un bosque mágico, vivía un grupo de animales. Un día, mientras jugaban, un nuevo animal se unió a su grupo. Él se presentó . "¡Hola! Soy Peter, el conejo. Peter fue muy amable y siempre tenía algo bueno que decir sobre los otros animales.

Pasaron los días y Peter decidió vivir allí con los demás animales. A menudo los felicitaba por sus características y talentos únicos. Les dijo a los pájaros lo hermosos que eran sus cantos ya las ardillas lo rápidas y ágiles que eran. Sus cumplidos siempre fueron sinceros; y dejó a los otros animales sintiéndose apreciados y valorados.

Un día, los animales notaron que Peter se sentía triste y ya no quería jugar. Se reunieron a su alrededor y le preguntaron qué le pasaba. Peter respondió: "No siento que pertenezco al grupo". Los otros animales se sorprendieron porque pensaron que Peter era uno de los animales más amables que habían conocido. Uno de ellos dijo: "¡Por supuesto que perteneces aquí! Todos estamos mucho mejor desde que llegaste. Peter dijo: "No tenía ni idea. Pensé que no era importante para ti.

Los animales se dieron cuenta de que estaban dando por sentado a Peter. Estaban demasiado ocupados divirtiéndose y se olvidaron de apreciar las cualidades de Peter. Se disculparon y comenzaron a darle cumplidos sinceros. Le contaron cómo su bondad y compasión hicieron del bosque un lugar mejor.

Peter se sintió feliz y aceptó una vez más. A partir de ese día, los animales del bosque mágico se propusieron felicitarse mutuamente. Se dieron cuenta de que un simple cumplido podía alegrar el día de alguien y hacerlo sentir valorado y apreciado.

EL FIN

Pregunta

¿Cuándo fue una vez que le diste cumplidos a alguien?

CREATIVIDAD

Érase una vez, en un lugar mágico llamado el Reino de la Imaginación, vivía un grupo de criaturas felices conocidas como los "Creativos ". Estos creativos tenían el poder de hacer realidad sus sueños más salvajes, simplemente usando su imaginación y creatividad.

Un día, los creativos se estaban preparando para su festival anual de creatividad, una gran celebración en la que mostrarían sus creaciones más sorprendentes. Sin embargo, a medida que se acercaba el día, se dieron cuenta de que algo andaba mal: ¡su creatividad parecía haberse desvanecido!

El pánico se extendió por el Reino de la Imaginación, ya que los Creativos buscaban desesperadamente una forma de recuperar su creatividad. Intentaron todos sus métodos habituales, pero nada parecía funcionar. Parecía que el Festival de Creatividad tendría que cancelarse y los Creativos estaban muy tristes.

En ese momento, una niña llamada Mia se topó con la difícil situación de los Creativos. Mia era una niña curiosa e imaginativa, y sabía exactamente qué hacer. Reunió a todos los Creativos y les sugirió que probaran algo nuevo: deberían dar un paseo por el bosque y dejar volar su imaginación.

Al principio, los Creativos no estaban seguros. Nunca antes habían probado algo así y tenían miedo de que no funcionara. Pero Mia fue convincente, y pronto todos estaban vagando por el bosque, imaginando todo tipo de cosas maravillosas.

De repente, los creativos sintieron que sucedía algo mágico: ¡su creatividad estaba regresando! Comenzaron a ver formas y colores que nunca antes habían visto y se sintieron más inspirados que nunca. Cuando regresaron al Reino de la

Imaginación, trabajaron muy duro para crear las creaciones más asombrosas que jamás habían hecho.

El Festival de la Creatividad fue un gran éxito, y todos en el Reino de la Imaginación quedaron asombrados por las cosas increíbles que habían hecho los Creativos. Mia fue aclamada como una heroína y los Creativos sabían que habían aprendido una lección importante. Se dieron cuenta de que la creatividad no era algo que pudiera forzarse o controlarse: necesitaba ser nutrida y permitirse crecer libremente.

A partir de ese día, los Creativos se aseguraron de dar paseos regulares por el bosque y siempre sacaron tiempo para dejar volar su imaginación. Y cada vez que sentían que su creatividad se desvanecía, sabían exactamente qué hacer: dar un paseo, dejar volar su imaginación y ver cómo sucedía la magia.

EL FIN

Ejemplo En La Vida Real

Su Alteza el Jeque Mohammed bin Rashid Al Maktoum, Vicepresidente y Primer Ministro de los Emiratos Árabes Unidos (EAU), es ampliamente conocido por su estilo de liderazgo innovador y creativo. Ha usado su creatividad para hacer que su país sea exitoso y famoso en todo el mundo.

Una de las cosas que hizo Sheikh Mohammed fue generar grandes ideas para hacer de Dubái un gran lugar para visitar y hacer negocios. Por ejemplo, construyó el edificio más alto del mundo, llamado Burj Khalifa, una isla artificial que parece una palmera, y uno de los centros comerciales más grandes del mundo, llamado Dubai Mall. Estos proyectos han ayudado a Dubái a convertirse en un popular destino turístico y atraer empresas de todo el mundo.

Sheikh Mohammed también abrió una escuela llamada Escuela de Gobierno Mohammed bin Rashid, que enseña a las personas cómo ser líderes en el gobierno. Esta escuela tiene programas especiales que enseñan a los estudiantes cosas como ser un buen líder, cómo planificar para el futuro y cómo hacer buenas políticas.

DETERMINACIÓN

Érase una vez una niña llamada Chloe. Vivía en un pequeño pueblo con sus padres y hermanos. Chloe era diferente a los demás niños de su ciudad porque tenía un gran sueño. Quería ser una cantante famosa y viajar por el mundo para difundir felicidad y alegría a través de su música.

Pero el problema fue que Chloe no nació con una gran voz. Tenía una voz fina y débil que a nadie le gustaba, lo que hacía que la gente se riera de ella cada vez que intentaba cantar. Sin embargo, Chloe no se desanimó por su risa. Estaba decidida a seguir su sueño de convertirse en una cantante famosa.

Todos los días practicaba el canto durante horas. Cantaba frente a un espejo, imaginándose actuando frente a una gran audiencia. Probaría diferentes técnicas para hacer su voz más fuerte y más melodiosa.

Pasaron los años y el arduo trabajo y la determinación de Chloe dieron sus frutos. Su voz se volvió más fuerte y comenzó a ganar concursos de canto en su escuela. Todos los estudiantes estaban asombrados de cómo se había transformado de una niña tímida y de voz débil a una cantante segura de sí misma y de voz fuerte.

Un día, Chloe recibió una invitación para actuar en la ciudad capital. Estaba nerviosa, pero también emocionada por la oportunidad de mostrar su talento. Cuando llegó el día de la actuación, Chloe subió al escenario con determinación. Cerró los ojos y comenzó a cantar. La audiencia quedó atónita. La voz de Chloe era tan hermosa; no podían creer el gran talento de la niña de la que una vez se rieron.

La actuación de Chloe fue un gran éxito; pronto fue invitada a actuar en otras ciudades y estados. Viajó, contagiando alegría a través de su música. Se convirtió en una cantante famosa, tal como lo había soñado.

La determinación y el trabajo duro de Chloe inspiraron a muchas personas. Aprendieron que con determinación, todo es posible.

EL FIN

Pregunta

¿Cómo puedes ser más decidido en tu vida diaria?

EMPATÍA

Érase una vez, en una tierra mágica, había un niño pequeño llamado Ahmad. Tenía muchos amigos, pero había una cosa que le faltaba : empatía. No entendía lo que otros sentían y no le importaban sus sentimientos. Solo pensaba en sí mismo.

Un día, Ahmad se topó con un ratón que lloraba al costado del camino. Él preguntó: "¿Por qué lloras?". El ratón respondió: "He perdido a mi familia y no tengo adónde ir". Ahmad lo pensó por un momento y dijo: "Oh, eso es muy malo. Tengo que irme ahora". Y se alejó sin pensarlo dos veces.

Mientras caminaba, se encontró con otra criatura triste, esta vez un mapache. Él preguntó: "¿Qué pasa?" El mapache respondió: "He perdido a mi mejor amigo y me siento muy solo". Ahmad volvió a pensar en ello por un momento y dijo: "Eso es una lástima. Tengo que irme ahora". Y se alejó sin pensarlo dos veces.

Ahmad continuó su camino, y mientras caminaba, pensó para sí mismo: "¿Por qué están todos tristes? ¿Hay algo que podría haber hecho para que se sintieran mejor? Tal vez no debería haberlos ignorado". Se sintió tan avergonzado.

Decidió regresar y disculparse con cada una de las criaturas que había conocido. Escuchó sus historias y trató de entender lo que estaban sintiendo. Los abrazó y los consoló, y pronto la tristeza de todos se convirtió en alegría.

Ahmad aprendió una valiosa lección ese día: tener empatía significa ponerse en el lugar de otra persona y preocuparse por sus sentimientos. Cuando tenemos empatía, podemos hacer felices a los demás y difundir la bondad a nuestro alrededor.

EL FIN

Ejemplo En La Vida Real

Kwame Nkrumah era un líder que quería que todos se entendieran y se preocuparan por los demás. Él creía que si podemos sentir empatía, podemos crear una sociedad donde todos sean tratados de manera justa e igualitaria. Trabajó para crear un sentido de unión entre personas de diferentes orígenes y animó a Ghana a ayudar a otros países africanos.

Nkrumah creía que los líderes deberían poder comprender y conectarse con las experiencias y necesidades de su gente. De esta manera, los líderes pueden generar confianza y apoyo entre las personas que lideran. Pensó que la empatía no es solo algo que tienen los individuos, sino que también es una parte esencial de una sociedad sana y justa.

FE

Érase una vez un niño llamado Jeff. A Jeff le encantaba aprender y descubrir cosas nuevas. Trabajó muy duro en la escuela, pero a veces las cosas no salían según lo planeado.

Un día, Jeff estaba trabajando en un proyecto escolar en su computadora. Había pasado mucho tiempo investigando y escribiendo. ¡De repente, su computadora falló! Estaba tan triste y molesto porque había perdido todo en lo que había trabajado.

Pero los padres de Jeff le recordaron que incluso cuando las cosas salen mal, debemos seguir intentándolo y no rendirnos. Le dijeron que tuviera fe en sí mismo y en Dios; y sigue trabajando duro.

Entonces, Jeff decidió comenzar de nuevo y trabajar aún más duro que antes. Pasó mucho tiempo investigando y escribiendo de nuevo, y finalmente terminó su proyecto. ¡Estaba muy orgulloso de sí mismo!

Jeff aprendió que incluso cuando las cosas van mal, nunca debemos rendirnos. Si trabajamos duro y seguimos intentándolo, podemos lograr todo lo que queramos. Sabía que siempre podía mantener la fe y seguir adelante, sin importar los desafíos que enfrentara.

A partir de ese día, Jeff nunca renunció a sus sueños y siempre recordó la importancia de mantener la fe. ¡Y sabía que tú también puedes hacerlo si crees en ti mismo y nunca te rindes!

EL FIN

Ejemplo En La Vida Real

Denzel Washington es un actor famoso que cree que la fe es realmente importante. Él piensa que tener fe en Dios y en ti mismo puede ayudarte a hacer grandes cosas y superar momentos difíciles. Aprendió sobre la fe de su mamá, quien le enseñó a creer en sí mismo y en Dios. También cree que rezar puede ayudarte a sentirte menos asustado y más seguro.

Denzel estaba en una película llamada "El libro de Eli", que trata sobre la fe y hacer lo correcto. También ha ayudado con un grupo llamado Boys & Girls Clubs of America, que se basa en la fe y en ayudar a los niños.

TRABAJO DURO

Érase una vez una pequeña hormiga llamada Annie. Annie vivía en una gran colonia de hormigas y todas las hormigas trabajaban muy duro todos los días. Salían temprano en la mañana y recolectaban comida para la colonia.

Un día, Annie se sentía perezosa y no quería trabajar. Ella pensó: "¿Por qué debería trabajar tan duro? Todos los demás lo están haciendo, así que no tengo que hacerlo". Así que se sentó y observó cómo trabajaban todas las demás hormigas.

Pero pronto, notó que la colonia no estaba recibiendo suficiente comida. Muchas hormigas estaban hambrientas y cansadas. Annie se sintió culpable por no hacer su parte. Decidió levantarse y ayudar.

Pronto, recolectó más y más comida. Su contribución fue sentida por las otras hormigas. Se sintieron aliviados ya que con la ayuda de Annie, la colonia pudo trabajar un poco más rápido y pudieron acumular más comida para después.

Annie estaba orgullosa de su arduo trabajo y decidió trabajar siempre cuando era hora de trabajar y descansar cuando era hora de descansar. Las otras hormigas también estaban orgullosas de ella y la admiraban por su determinación y dedicación. Ella entendió que es importante hacer su parte para ayudar a los demás.

EL FIN

Ejemplo En La Vida Real

 Lee Kuan Yew era un líder en Singapur que creía en la importancia de trabajar duro. Ayudó a Singapur a convertirse en un país exitoso y próspero al alentar a las personas a trabajar duro y aprender nuevas habilidades. Lee Kuan Yew dijo que trabajar duro, ahorrar dinero y cuidar de los demás eran valores importantes que ayudaron al crecimiento de Singapur. También pensó que los líderes deberían trabajar duro y dar un buen ejemplo a los demás.

Bajo el liderazgo de Lee Kuan Yew, Singapur realizó cambios para ayudar a las personas a ir a la escuela, iniciar sus propios negocios y generar nuevas ideas. Esto hizo que la gente de Singapur quisiera trabajar duro y dar lo mejor de sí. Ahora, Singapur es uno de los países más exitosos y competitivos del mundo, y se debe al arduo trabajo y la dedicación de su gente, inspirados por Lee Kuan Yew.

Lucie S. Matsouaka

HONESTIDAD

Érase una vez, en un pueblo rural, vivía un niño llamado Arnold. Arnold siempre fue conocido por su naturaleza traviesa y su amor por decir mentiras. Sus amigos y familiares estaban cansados de sus mentiras y siempre lo regañaban por su comportamiento.

Un día, Arnold y sus amigos decidieron ir a la búsqueda del tesoro. Buscaron por todas partes y, finalmente, Arnold encontró un cofre lleno de monedas de oro. Estaba muy emocionado y decidió quedarse con el tesoro para él solo. Entonces, les mintió a sus amigos y les dijo que el cofre estaba vacío.

Al día siguiente, Arnold fue al mercado a comprarse unos dulces con el dinero que había robado. Pero, cuando estaba a punto de comprar los dulces, notó que había perdido el dinero. Estaba muy molesto y preocupado, por lo que decidió acudir al jefe de la aldea en busca de ayuda. Olvidó que nadie sabía que él tenía las monedas.

El jefe de la aldea escuchó atentamente la historia de Arnold y preguntó: "¿De dónde sacaste esas monedas?"

"Mi tío es muy rico. Él me los dio", dijo Arnold.

El jefe de la aldea lo miró a los ojos y dijo: "Sé honesto, joven".

Arnold estaba avergonzado. Miró hacia abajo y finalmente confesó que les había mentido a sus amigos sobre el tesoro y que había robado el dinero. El jefe de la aldea estaba muy decepcionado con Arnold, pero dijo: "Estás perdonado esta vez, pero no vuelvas a hacer eso".

Arnold prometió decir siempre la verdad. El jefe ordenó a algunas personas que lo ayudaran a buscar el dinero. Arnold lo había perdido y no recordaba dónde lo puso. Encontraron el dinero robado y corrió a hablar con sus amigos y disculparse por su comportamiento. Sus amigos también lo perdonaron y volvieron a ser buenos amigos.

Arnold aprendió una valiosa lección ese día. Se dio cuenta de que ser honesto y veraz era la clave para tener una buena relación con los demás. Estaba feliz y orgulloso de sí mismo por haber tomado la decisión correcta.

EL FIN

Ejemplo En La Vida Real

Thomas Sankara fue un líder que gobernó Burkina Faso, un país de África, de 1983 a 1987. Era conocido por ser un líder honesto que trabajaba duro para mejorar la vida de su pueblo. Sankara luchó contra la corrupción, que es cuando las personas en el poder usan su posición para hacer cosas deshonestas. Hizo cosas como vender autos caros que el gobierno realmente no necesitaba y usar el dinero para cosas más importantes que podrían ayudar a la gente, como construir escuelas y clínicas en áreas rurales.

Sankara también se preocupó mucho por el medio ambiente y la salud de las personas en Burkina Faso. Inició una campaña para plantar árboles para ayudar a detener la expansión de los desiertos y se aseguró de que todos tuvieran acceso a las vacunas para mantenerse saludables.

Sankara también fue un gran partidario de otros países africanos y sus luchas por la libertad. No le gustaba que los países extranjeros dieran ayuda o dinero a los países africanos porque pensaba que los hacía dependientes de otros. En cambio, quería que los países africanos fueran independientes y fuertes por sí mismos.

Lamentablemente, Sankara fue asesinado en 1987, pero el pueblo de Burkina Faso y África lo recuerdan como un héroe debido a su honestidad, trabajo duro y compromiso para mejorar la vida de su pueblo.

Lucie S. Matsouaka

ESPERANZA

Érase una vez, a una niña llamada Elikya le encantaba soñar en grande. Tenía muchas esperanzas y aspiraciones, pero a menudo se sentía desanimada cuando las cosas no salían según lo planeado.

Un día, Elikya se sentía particularmente deprimida después de reprobar un examen en la escuela. Se sentó en un banco en el patio de recreo y comenzó a llorar. De repente, un maestro se acercó a ella y le preguntó qué le pasaba. Elikya le contó sobre la prueba y cómo se sentía con ganas de renunciar a sus sueños.

El maestro sonrió y dijo: "Elikya, querida, no te desanimes. El viaje hacia tus sueños puede no ser fácil, pero al final valdrá la pena. Recuerda siempre mantener fuerte tu esperanza y tu fe. Creer en tú mismo y verás que todo es posible".

Elikya se sintió un poco mejor después de escuchar las palabras del maestro. Se secó las lágrimas y se puso de pie. El maestro dijo: "Antes de que te vayas, prométeme nunca renunciar a tus sueños, sin importar los obstáculos que enfrentes. Elikya sonrió y dijo: "¡Lo prometo!". Volvió a estudiar con una nueva determinación.

Pasaron los años y Elikya trabajó duro y nunca perdió la esperanza. Recordó tener esperanza y nunca renunciar a sus sueños. Ella creía que con trabajo duro y determinación, todo era posible.

Elikya finalmente se graduó de la universidad con honores y consiguió el trabajo de sus sueños como científica. Agradeció las palabras de aliento de la maestra.

EL FIN

Ejemplo En La Vida Real

Barack Obama, ex presidente de los Estados Unidos, cree que la esperanza es realmente importante. Él cree que la esperanza es un sentimiento fuerte que puede ayudar a las personas a hacer que sucedan cosas buenas. A menudo habla de lo importante que es tener esperanza, especialmente cuando las cosas son difíciles. Él piensa que la esperanza no se trata solo de sentirse bien, sino de ayudar a las personas a crear un futuro mejor.

Cuando Obama se postuló para presidente en 2008, usó el eslogan "Sí, podemos" para demostrar que todos los que trabajan juntos pueden lograr grandes cambios. Durante su tiempo como presidente, habló mucho sobre la importancia de mantener la esperanza, incluso cuando las cosas son difíciles.

Básicamente, Obama cree que la esperanza es poderosa y puede ayudar a las personas a hacer cosas asombrosas, incluso cuando enfrentan desafíos.

HUMILDAD

Érase una vez un joven llamado Johan que vivía en la ciudad. Johan era muy talentoso e inteligente. Podía hacer lo que quisiera y siempre era el primero de su clase. Pero a medida que crecía, comenzó a volverse arrogante y creía que era mejor que los demás.

Un día, Johan caminaba a casa desde la escuela cuando vio a un grupo de estudiantes hablando sobre el último examen y sobre cómo les gustaría entender mejor las matemáticas. Johan escuchó su conversación y se rió de ellos. Él dijo: "Claramente no estás estudiando lo suficiente. Deberías ser más como yo. Estudio, pero también soy inteligente". Lo miraron con disgusto y respondieron: "No debes burlarte de los demás solo porque sabes algo que ellos no saben". Johan fingió no escuchar nada y se alejó sonriendo.

Al día siguiente, Johan fue a la feria y vio a un hombre que realizaba trucos asombrosos. Johan decidió demostrar sus habilidades haciendo un truco mucho más difícil. Pero tan pronto como Johan comenzó, tropezó y cayó. La multitud se rió y Johan se sintió avergonzado.

El hombre se le acercó y le dijo: "Joven, ser humilde es más importante que tener talento. Cuando eres humilde, la gente te respeta y quiere estar cerca de ti. Pero si sigues siendo arrogante, la gente te evitará y te sentirás solo".

Johan se dio cuenta del error de sus caminos y sintió pena por la forma en que había estado tratando a las personas. Decidió cambiar para mejor. Al día siguiente en la escuela, comenzó a cambiar su actitud. No pasó mucho tiempo antes de que Johan comenzara a hacer nuevos amigos.

EL FIN

Ejemplo En La Vida Real

Patrice Lumumba fue un líder muy importante en la República Democrática del Congo. Fue la primera persona en ser elegida como su líder por el pueblo, ¡lo cual es un gran problema! Lo que hizo especial a Lumumba fue que era realmente humilde y se preocupaba por su país y las personas que vivían allí.

Cuando Lumumba se convirtió en el líder, no quería una gran ceremonia elegante como la mayoría de los líderes suelen tener. Quería una ceremonia sencilla que demostrara que se preocupaba más por la gente que por presumir.

Lumumba sabía que ninguna persona podía resolver todos los problemas del Congo, por lo que trabajó con otras personas para tomar decisiones. Quería que todos ayudaran y fueran parte de mejorar el Congo.

En resumen, Patrice Lumumba fue un gran líder que era humilde, se preocupaba por su país y su gente, y quería que todos trabajaran juntos para mejorar las cosas.

Lucie S. Matsouaka

IMPACTO

Érase una vez una niña llamada Victoria. Vivía en un pequeño pueblo rodeado de frondosos bosques verdes y colinas ondulantes. A pesar de la belleza de su entorno, Victoria sintió que faltaba algo en su vida. Quería marcar la diferencia y dejar un impacto duradero en su comunidad.

Un día, mientras exploraba el bosque cercano, Victoria se topó con un grupo de animales que luchaban por encontrar comida y agua. El arroyo que alguna vez fluyó libremente ahora estaba casi seco, y los árboles que daban sombra y alimento estaban siendo talados. Victoria se dio cuenta de que estos cambios eran causados por los humanos y que había que hacer algo para ayudar a los animales y al medio ambiente.

Victoria volvió a su pueblo y reunió a sus amigos para discutir qué podían hacer. Decidieron plantar árboles y limpiar el arroyo para devolverle la vida al bosque. También difunden la palabra sobre la importancia de la conservación y la necesidad de proteger el medio ambiente.

El pueblo se unió y trabajó duro para transformar el bosque. Después de un tiempo, los animales comenzaron a regresar y los arroyos volvieron a fluir. Todos estaban orgullosos de su trabajo y sintieron una sensación de satisfacción al saber que tuvieron un impacto positivo.

Pasaron los años y los frutos del trabajo de Victoria y sus amigos se podían ver por todas partes. Los bosques eran exuberantes y llenos de vida, los arroyos fluían libremente y los animales prosperaban. Habían tenido un impacto positivo en su comunidad.

Victoria y sus amigos aprendieron que no importa cuán pequeño o joven seas, tienes el poder de tener un impacto duradero en el mundo. Victoria alentó a otros a encontrar formas de marcar la diferencia y dejar su huella en el mundo.

EL FIN

Ejemplo En La Vida Real

El Dr. Myles Munroe fue una persona muy especial que ayudó a muchas personas a aprender cómo ser mejores líderes y alcanzar sus sueños. Nació en un país llamado Bahamas en 1954 y lamentablemente falleció en 2014. Le enseñó a la gente que cualquiera puede ser un gran líder, sin importar de dónde venga o lo que haga. También creía que cada persona tiene un propósito especial en la vida y que al encontrar y seguir ese propósito, pueden ser felices y exitosos. Escribió muchos libros sobre cómo ser un mejor líder y cómo vivir una vida feliz. Era muy popular y sus libros han sido leídos por muchas personas en todo el mundo.

El Dr. Munroe marcó una gran diferencia en la vida de las personas al inspirarlos a creer en sí mismos y trabajar duro para lograr sus sueños. Aunque ya no está con nosotros, sus ideas y enseñanzas continúan ayudando a las personas a convertirse en mejores líderes y encontrar el éxito en sus vidas.

Lucie S. Matsouaka

INTEGRIDAD

Érase una vez, en un reino lejano, un rey llamado Daniel que gobernaba con equidad y justicia. Fue amado y respetado por todos sus súbditos. Un día, el reino se enfrentaba a una gran crisis. Las cosechas fallaban y la gente sufría. El rey tuvo que tomar una decisión difícil para ayudar a su pueblo.

Daniel sabía que había una gran cantidad de oro almacenado en la tesorería real y que podía usarlo para comprar alimentos para el pueblo. Sin embargo, también sabía que usar el tesoro real para beneficio personal estaba en contra de las reglas del reino. Tuvo que elegir entre ayudar a su gente o romper las reglas.

Daniel reunió a todos sus asesores para discutir la situación. Les contó su dilema y les pidió su opinión. Todos estuvieron de acuerdo en que usar el oro del tesoro era la única forma de salvar el reino. Sin embargo, Daniel decidió no hacerlo. Sabía que romper las reglas sería un mal ejemplo para el pueblo y los futuros reyes. No quería sacrificar su integridad en aras de una solución temporal.

Después de pensarlo durante unos días, al rey se le ocurrió un nuevo plan. Llamó a los ricos comerciantes del reino y pidió su ayuda. Les contó sobre la crisis y pidió un préstamo para comprar comida para la gente. Los comerciantes quedaron impresionados por la honestidad e integridad de Daniel y accedieron a ayudar.

En poco tiempo, se distribuyó la comida a la gente y se evitó la crisis. Los súbditos de Daniel quedaron aún más impresionados por su liderazgo e integridad. Lo admiraban por tomar la decisión correcta en un momento difícil.

A partir de ese día, el legado de Daniel fue recordado como el rey que gobernó con equidad, justicia e integridad.

EL FIN

Ejemplo En La Vida Real

Nelson Mandela fue un líder político y revolucionario contra el apartheid sudafricano que lideró con integridad. Pasó veintisiete años en prisión por su activismo, pero nunca comprometió sus principios de justicia, igualdad y reconciliación. Creía en ser honesto y decir la verdad, incluso cuando era difícil. También era muy humilde y nunca pensó que era mejor que nadie. Siempre fue consecuente en lo que creía y en lo que hacía, incluso cuando las cosas eran difíciles.

Mandela también era muy bueno perdonando a las personas que lo habían lastimado a él o a sus amigos. Sabía que el perdón era importante para que las personas se llevaran bien.

Todas estas cosas hicieron que la gente confiara y respetara a Mandela. Ayudó a hacer del mundo un lugar mejor.

AMABILIDAD

Érase una vez, en una pequeña escuela llamada Kindness Elementary School, había muchos estudiantes. Les encantaba aprender y jugar. Sin embargo, había un problema en la escuela, y era que algunos estudiantes no eran amables con los demás. El director había llamado a la escuela "Amabilidad" porque quería que todos sus alumnos personificaran la palabra que amaba en su corazón.

Un día, una nueva estudiante llamada Afia se unió a la clase. Era tímida y no conocía a nadie en la clase. Cuando entró al salón de clases, algunos estudiantes susurraron entre ellos y se rieron de ella. Afia se sintió avergonzada y no supo cómo reaccionar.

Al día siguiente, durante el recreo, Afia estaba sentada sola, viendo jugar a otros estudiantes. Un niño llamado Kofi se le acercó y le preguntó si quería jugar con él y sus amigos. Afia dudó al principio, pero Kofi fue tan amable que accedió a jugar con ellos. Se lo pasaron muy bien, y Afia estaba feliz de haber hecho nuevos amigos.

Con el paso de los días, Kofi y sus amigos continuaron incluyendo a Afia en sus actividades. Incluso la ayudaron con su tarea y le mostraron la escuela. Afia ya no estaba sola y se lo pasaba genial en la escuela.

Un día, el director anunció que habría una competencia para ver qué clase tenía los estudiantes más amables. Kofi y sus amigos idearon un plan. Decidieron incluir a todos en sus actividades y asegurarse de que nadie se quedara fuera. También ayudaron a otros estudiantes con su trabajo y mostraron amabilidad en todas las formas posibles.

Finalmente, llegó el día de la competencia y el director anunció que la clase de Kofi había ganado. Todos vitorearon y el director los felicitó por su amabilidad. Les dio una bolsa de dulces para compartir entre ellos.

Al día siguiente, el director de la escuela anunció que la escuela celebraría un Día de la Bondad. Todos en la escuela debían mostrar un acto de bondad hacia otra persona. Kofi y sus amigos estaban encantados y se les ocurrieron muchas ideas para difundir la bondad en la escuela.

Ese día, todos en la escuela se mostraron amables unos con otros. Se ayudaron mutuamente con su trabajo, compartieron su almuerzo y jugaron juntos. Era un hermoso día, y todos se sentían felices y amados.

A partir de ese día, todos en la escuela se comprometieron a ser amables entre sí. Se dieron cuenta de que la amabilidad hace felices a todos y que ser amable es lo correcto. Afia ya no era la niña nueva en la escuela, sino una estudiante feliz y segura de sí misma que tenía muchos amigos.

La moraleja de la historia es que ser amable es esencial en la escuela y en cualquier otro lugar. La bondad hace que las personas se sientan felices y amadas. Entonces, siempre sé amable con los demás, ¡y verás lo maravilloso que puede ser el mundo!

EL FIN

Ejemplo En La Vida Real

Tyler Perry es un famoso actor, escritor y director, que también es conocido por ser muy amable, que es una de las cosas que lo convierte en un gran líder.

Siempre está ayudando a las personas que lo necesitan, como dar dinero a grupos que ayudan a los afectados por desastres naturales o violencia doméstica. También apoya a los nuevos actores y escritores brindándoles la oportunidad de participar en sus producciones y ayudándolos a mejorar sus habilidades.

Tyler Perry también cree que es importante contar con personas de todos los orígenes en películas y programas de televisión, y se asegura de incluir muchos tipos diferentes de personas en su trabajo.

En general, la amabilidad y la naturaleza afectuosa de Tyler Perry lo convierten en un líder increíble y un buen modelo a seguir.

OPTIMISMO

Érase una vez un conejito llamado Rosie. Vivía en un hermoso prado, lleno de flores de colores y hierba alta y verde. A Rosie le encantaba saltar y jugar con sus amigos, pero a veces se sentía triste y preocupada por el futuro.

Un día, Rosie se sentía particularmente deprimida. Había oído que se avecinaba una gran tormenta y tenía miedo de que arruinara su casa y destruyera todas las flores del prado. Se sentó sola debajo de un árbol, sintiéndose triste y sin esperanza.

Mientras estaba sentada allí, vio una lechuza volando hacia ella. La lechuza se posó en una rama sobre ella y preguntó: "¿Por qué te ves tan triste, pequeña Rosie?".

Rosie le contó a la lechuza sus miedos y preocupaciones. La lechuza escuchó atentamente y luego dijo: "Entiendo que tengas miedo de lo que pueda pasar, pero es importante recordar que la tormenta podría no ser tan mala como crees. Y aunque lo sea, aún puedes encontrar alegría y alegría". felicidad en otras cosas del mundo".

Rosie miró a la lechuza, sin saber qué pensar. Pero el búho continuó: "Ser optimista significa creer que pueden suceder cosas buenas, incluso cuando las cosas parecen sombrías. Significa buscar el lado positivo de cada situación y tener esperanza para el futuro".

Rosie pensó en lo que había dicho la lechuza y se dio cuenta de que se había centrado demasiado en lo negativo. Decidió intentar ser más optimista, incluso ante la incertidumbre.

Al día siguiente, llegó la tormenta. Al principio, Rosie estaba asustada, pero luego recordó las palabras de la lechuza. Miró a su alrededor y vio que la tormenta era bastante hermosa. Las gotas de lluvia brillaron como diamantes y los relámpagos iluminaron el cielo en una exhibición deslumbrante. Se dio cuenta de que, aunque la tormenta daba miedo, también era magnífica a su manera.

Después de que pasó la tormenta, Rosie salió y vio que el prado seguía allí, tan hermoso como siempre. Algunas flores habían sido derribadas, pero muchas más seguían en pie. Rosie se dio cuenta de que aunque sucedan cosas malas, el mundo todavía está lleno de maravillas y belleza.

A partir de entonces, Rosie trató de ser más optimista, incluso cuando las cosas parecían difíciles. Aprendió que tener esperanza y buscar el lado positivo de las cosas puede marcar la diferencia. E incluso cuando las cosas eran difíciles, sabía que siempre podía encontrar algo por lo que estar agradecida.

EL FIN

Pregunta

¿Cómo puedes practicar el ser optimista en tu vida diaria?

PACIENCIA

Érase una vez una niña llamada Corazón. Corazón tenía una hermosa sonrisa y una personalidad alegre. Sin embargo, ella estaba impaciente.

Cada vez que quería algo, lo quería de inmediato. Si tuviera que esperar, se sentiría frustrada y molesta. Sus amigos y familiares tratarían de calmarla y explicarle que las cosas buenas llegan a aquellos que esperan, pero Corazón simplemente no quería escucharlo.

Un día después de la escuela, Corazón fue a una heladería con sus amigas. La fila era larga y Corazón se impacientaba cada vez más. En algún momento, decidió darse por vencida, salirse de la fila e irse a casa. Sus amigos trataron de persuadirla para que se mantuviera en línea, pero Corazón no quería escucharlo.

Empezó a caminar a casa. Mientras tanto, las otras chicas se quedaron y finalmente consiguieron su helado. Emocionados, se lo comieron y luego corrieron de vuelta a casa. En su camino de regreso, vieron a Corazón. Todavía caminaba y empezaba a sentir un poco de hambre. "¿Recibiste tu helado?" ella les preguntó. "Sí", dijeron. "Fue muy bueno y refrescante. Deberías haber esperado. ¿Ver? Todavía estás en el camino y vamos a volver a casa juntos".

Corazón se sintió triste y se arrepintió de no haber tenido la paciencia suficiente para esperar su turno. Tenía hambre y sed, y no quería volver a la heladería. Una de sus amigas abrió su mochila y dijo: "¡Sorpresa! Te compramos una galleta y una botella pequeña de agua. Pero prométenos que cambiarás tu actitud. Corazón sonrió, los abrazó a ambos y prometió hacerlo.

Corazón había aprendido una lección importante: la paciencia es una virtud que al final siempre dará sus frutos.

EL FIN

Ejemplo En La Vida Real

Sidney Poitier fue un actor y cineasta muy paciente. Fue cuidadoso con los roles que asumió y solo eligió los roles que pensó que eran interesantes e importantes. Esto significó que rechazó algunos trabajos, aunque le ofrecieran mucho dinero porque no quería interpretar personajes estereotipados o poco interesantes.

Poitier también fue uno de los primeros actores negros en hacerse famoso en Hollywood. Pero no lo hizo simplemente aceptando cualquier papel que se le ofreciera. Quería romper barreras y asegurarse de que los actores y cineastas negros tuvieran más oportunidades en Hollywood. Esto requirió mucho tiempo y paciencia, pero siguió trabajando duro y abogando por el cambio. Como resultado, se convirtió en un modelo a seguir para otros actores negros y tuvo un gran impacto en Hollywood. Ahora, muchos cineastas siguen sus pasos.

PERSERVERANCIA

Érase una vez, en un pequeño pueblo, había un niño llamado Imamu. Imamu era muy enérgico y le encantaba jugar. Pero, a diferencia de otros niños, Imamu tuvo un gran sueño. Quería ser el mejor corredor del pueblo.

Todos los días, Imamu corría por el pueblo, practicando y mejorando constantemente. Pero un día, Imamu se cayó y se lastimó el tobillo. Estaba devastado y pensó que nunca podría volver a correr. Su madre lo llevó a un médico que examinó su tobillo.

"Hijo mío", dijo el médico, "no hay huesos rotos, pero necesitas descansar unos días antes de volver a caminar. No ejerzas demasiada presión sobre tu pie hasta que te sientas mejor".

De camino a casa, Imamu tenía un tobillo vendado. Él preguntó: "Madre, ¿estás segura de que podré correr de nuevo?"

"¡Por supuesto que lo harás! Todavía estás creciendo y el cuerpo tiene una forma especial de curarse a sí mismo. Sólo tienes que seguir intentando." Ella le recordó todo el trabajo duro que había puesto en su carrera y que no podía darse por vencido ahora. Imamu escuchó a su madre y volvió a practicar cuando se sintió mejor, esta vez con mucho cuidado y con el tobillo vendado.

Aunque era lento, Imamu siguió practicando todos los días. No se rindió y perseveró.

Un día, el pueblo celebró una gran competencia de carreras. Imamu entró y se sintió un poco nerviosa. Entonces, recordó todas las palabras de aliento de su madre. Con determinación y trabajo duro, Imamu corrió más rápido y con más fuerza que nunca. ¡Él ganó la competencia y fue coronado como el mejor corredor del pueblo! Imamu aprendió que el éxito requiere trabajo duro y perseverancia.

EL FIN

Ejemplo En La Vida Real

 Sonia Sotomayor es Jueza Asociada de la Corte Suprema de los Estados Unidos. Fue nominada por el presidente Barack Obama en 2009, convirtiéndose en la primera hispana y latina miembro de la Corte.

La historia de vida de Sotomayor es de increíble perseverancia. Al crecer en un proyecto de viviendas del Bronx en la ciudad de Nueva York, enfrentó numerosos desafíos, incluidas dificultades financieras y lidiar con la diabetes desde una edad temprana. A pesar de estos obstáculos, ella seguía decidida a triunfar.

A menudo habla de la importancia de la perseverancia basándose en sus propias experiencias. Sotomayor enfatiza la necesidad de superar la adversidad y nunca renunciar a los sueños. Su viaje desde un entorno humilde hasta el tribunal más alto del país sirve como testimonio del poder de la perseverancia y el trabajo duro.

En sus memorias, "My Beloved World", Sotomayor comparte anécdotas personales que resaltan su resiliencia ante la adversidad. Su mensaje resuena en muchas personas e inspira a perseverar en la consecución de sus objetivos, independientemente de los desafíos que puedan encontrar.

CORTESÍA

Érase una vez un niño llamado Liam. A Liam le encantaba jugar con sus juguetes y vivir aventuras en su patio trasero, pero no siempre recordaba ser cortés cuando conocía gente nueva.

Un día, la familia de Liam fue a una fiesta en la casa de su vecino. Cuando llegaron, Liam vio a un grupo de niños jugando juntos en el patio trasero. Corrió hacia ellos y les dijo: "¡Oigan, déjenme jugar también!".

Pero en lugar de saludar y presentarse, Liam irrumpió y agarró uno de sus juguetes. Los otros niños lo miraron con sorpresa y no supieron qué decir. A Liam no pareció importarle y comenzó a jugar con el juguete sin preguntar.

Después de unos minutos, uno de los niños dijo: "Oye, ¿me puedes devolver mi juguete, por favor?" Pero Liam simplemente lo ignoró y siguió jugando. Otro niño dijo: "No estás siendo muy amable. Deberías disculparte". Pero Liam se encogió de hombros y siguió jugando.

A medida que avanzaba la fiesta, Liam se encontró solo y sin amigos con quienes jugar. Los otros niños no querían jugar con él porque había sido muy descortés. Liam se sentía triste y excluido, y no entendía por qué nadie quería ser su amigo.

Esa noche, cuando Liam estaba a punto de irse a la cama, no podía dejar de pensar en lo que pasó en la fiesta. Compartió la historia con su madre. Ella dijo: "Liam, estas son las consecuencias de no ser cortés. Hablamos de esto varias veces. No puedes simplemente ignorar a las personas cuando entras en una habitación. Sé amable. La gente necesita sentirse reconocida". Se dio cuenta de que había sido grosero y había herido los sentimientos de los otros niños. Se sentía mal y deseaba poder volver atrás y arreglar las cosas.

Al día siguiente, Liam decidió disculparse con los niños que había conocido en la fiesta. Fue a su casa y dijo: "Lamento haber sido grosero ayer. Debería haberte saludado y preguntado antes de jugar con tus juguetes. ¿Podemos ser amigos ahora?".

Los otros niños sonrieron y dijeron: "¡Por supuesto! Estamos felices de que hayas pedido perdón". A partir de ese día, Liam recordó ser cortés donde quiera que fuera y cuando conocía gente nueva. Se dio cuenta de que ser amable y respetuoso era importante, no solo para hacer amigos, sino para hacer del mundo un lugar mejor.

Entonces, niños, recuerden, siempre saluden, preséntense y pregunten antes de tomar o jugar con las cosas de otra persona. Ser cortés te ayudará a hacer amigos y también hará que los demás se sientan bien. Pero si eres grosero y descortés, es posible que te encuentres solo y sin amigos.

EL FIN

Ejemplo En La Vida Real

John C. Maxwell es un conocido autor, orador y líder que enseña lo importante que es ser cortés. Ser cortés significa tratar a los demás con amabilidad y respeto, sin importar quiénes sean o de dónde vengan. No se trata solo de ser amable, sino de construir buenas relaciones y tener éxito en la vida. Dice que ser cortés es como tener buenos modales. Cuando hablamos con la gente, debemos escuchar con atención y tratar de entenderlos. Al hacer esto, podemos evitar problemas y hacernos amigos de las personas.

Ser educado también es importante si queremos ser líderes. Los líderes son personas que ayudan a los demás y mejoran las cosas. Lo hacen siendo amables con los demás y tratándolos con respeto. Cuando los líderes son educados, las personas se sienten felices y trabajan mejor juntas.

LECTURA

Érase una vez, una joven llamada Ángel que vivía en un pueblo suburbano. Le encantaba pasar tiempo con sus amigos y jugar al aire libre, pero no le gustaba mucho leer. Encontró los libros aburridos y nunca tomó uno a menos que se viera obligada a hacerlo.

Un día, su madre la llevó a la biblioteca local y le presentó a la bibliotecaria, la Sra. Smith. La Sra. Smith le mostró a Angel la biblioteca y le habló de todos los libros maravillosos que tenían. Ángel todavía no estaba interesado en leer, pero la Sra. Smith no se daba por vencida.

"Ángel, leer es una de las cosas más importantes que puedes hacer", dijo la Sra. Smith. "Abre un mundo completamente nuevo, lleno de aventuras, magia e historias asombrosas".

Ángel se mostró escéptico, pero la Sra. Smith le prometió que si leía un buen libro, vería la magia por sí misma. Entonces, Ángel tomó a regañadientes un libro sobre un valiente caballero y su búsqueda para salvar a una princesa de un dragón. Cuando comenzó a leer, fue transportada a un nuevo mundo lleno de magia y aventura. Cuanto más leía, más la cautivaba la historia. Cuando terminó el libro, volvió corriendo a las estanterías para conseguir otro.

Cuando su madre vino a buscarla, corrió hacia ella y le dijo: "Mamá, ¡no sabía que los libros podían ser tan divertidos! ¿Podemos volver a la biblioteca mañana, por favor? Quiero leer más y aprender todo tipo de cosas". de cosas nuevas".

A partir de ese día, Ángel fue un entusiasta de la lectura. Pasó las siguientes semanas leyendo todo tipo de libros sobre animales parlantes, reinos mágicos y planetas lejanos. Los libros se convirtieron para ella en una puerta de entrada a un mundo de imaginación y creatividad. Ángel aprendió que los libros están llenos de emoción y asombro, y se dio cuenta de la importancia de leer buenos libros. Estaba expandiendo su mente, ensanchando sus horizontes y enriqueciendo su vocabulario. Su madre estaba muy orgullosa de ella.

EL FIN

Ejemplo En La Vida Real

Oprah Winfrey es una persona que realmente ama los libros y quiere decirles a todos lo maravillosos que son. Incluso comenzó un club de lectura en 1996 para compartir buenas recomendaciones de libros con otros. Ella piensa que los libros son geniales porque pueden llevarte a aventuras y enseñarte sobre diferentes personas y lugares. Ella dice que la lectura puede ayudarte a comprender y preocuparte por los demás, incluso si son muy diferentes a ti.

La lectura también ha ayudado mucho a Oprah en su vida. Ella llama a los libros sus "mentores personales" porque le han enseñado muchas cosas y la han ayudado a encontrar su propia voz.

Entonces, si quieres aprender cosas nuevas, vive aventuras y diviértete. ¡Oprah piensa que deberías leer más libros!

RESPETO

Érase una vez un niño llamado Caleb. Era muy juguetón y le encantaba correr y divertirse con sus amigos. Pero tenía la costumbre de ser grosero y poco amable con los demás.

Un día en la escuela, Caleb estaba jugando con sus amigos cuando vio a una chica nueva. No le gustó el aspecto de la chica nueva y empezó a burlarse de ella. Sus amigos siguieron su ejemplo y pronto la chica nueva estaba rodeada por un grupo de niños malos. Se burlaban de ella y la intimidaban. Sintiéndose triste, la chica nueva se escapó. Empezaron a reír aún más fuerte.

Al día siguiente, Caleb la vio y llamó a sus amigos. Empezaron a burlarse de ella una y otra y otra vez. Caleb estaba disfrutando ser malo e irrespetuoso con la chica nueva en la escuela.

Un día, en el recreo, estaba a punto de acercarse a ella cuando ella gritó: "¡Aléjate de mí! Eres muy molesto. Por suerte ese día, un profesor vio todo a través de las ventanas. Caleb fue llamado a la oficina para que se explicara. Sintió una punzada de culpa y pidió perdón. La maestra dijo: "Debes hablar con ella, no conmigo. No soy yo quien se ofendió por tu comportamiento. El maestro continuó diciendo: "Es importante ser amable y respetuoso, Caleb. Nunca se sabe por lo que la gente está pasando en su vida personal. No deberías ser la razón por la que se dan por vencidos".

Caleb salió y encontró a la chica nueva sentada sola y llorando. Se acercó a ella y le dijo: "Perdón por ser malo contigo. ¿Podemos ser amigos?". La chica nueva estaba sorprendida pero feliz de saber que Caleb quería ser su amiga.

Caleb se dio cuenta de que el respeto por los demás no se trata solo de ser cortés, sino de valorar el valor de cada persona. Aprendió que todos son especiales a su manera y que es importante tratar a todos con amabilidad y amor.

EL FIN

Ejemplo En La Vida Real

Jacinda Ardern es la líder de Nueva Zelanda. Ella piensa que es muy importante ser respetuoso con otras personas. Eso significa ser amable con todos, incluso si son diferentes a ti. Ella quiere que todos sean incluidos y tratados de manera justa.

Ardern demostró lo importante que es el respeto cuando había un gran problema en Nueva Zelanda. En 2019 sucedió algo malo y muchas personas resultaron heridas. Ardern fue amable con las personas heridas y sus familias. Llevaba algo especial en la cabeza para demostrar que respetaba a las personas heridas. Se aseguró de que todos en el país supieran que eran importantes y que la gente se preocupaba por ellos.

Ardern siempre quiere que las personas sean amables entre sí, sin importar cómo se vean o de dónde vengan. Ella quiere que todos sientan que pertenecen y que son importantes.

CUIDADOS PERSONALES

Érase una vez una niña llamada Bintou a la que le encantaba jugar y divertirse. Todos los días salía a jugar con sus amigos, iba al parque y probaba nuevas actividades. Pero un día, Bintou notó que se sentía cansada y agotada todo el tiempo. No podía seguir el ritmo de sus amigos, e incluso sus actividades favoritas ya no parecían tan divertidas.

Bintou fue con su madre y le contó lo que estaba pasando. Su mamá le explicó que a veces, cuando estamos siempre en movimiento y divirtiéndonos, nos olvidamos de cuidarnos. Necesitamos descansar, comer bien y hacer cosas que nos hagan felices y relajados. Esto se llama autocuidado.

Bintou pensó en esto y se dio cuenta de que había estado descuidando sus propias necesidades. Decidió empezar a cuidarse mejor. Se acostaba más temprano, comía los alimentos saludables que su mamá le preparaba y tomaba descansos para hacer las cosas que amaba, como leer y pintar.

En poco tiempo, Bintou se sintió mejor y con más energía. Pudo jugar con sus amigos, divertirse y volver a probar cosas nuevas. Aprendió que cuidarse a sí mismo es una de las cosas más importantes que puede hacer para sentirse feliz y saludable.

EL FIN

Ejemplo En La Vida Real

Michelle Obama, quien fue la Primera Dama de los Estados Unidos, cree que es muy importante cuidarse. Esto significa cuidar tu cuerpo y tu mente, para que puedas ser feliz y sentirte bien.

Michelle Obama habla de cómo le costaba cuidar de sí misma cuando tenía muchas cosas que hacer, como ser madre, esposa y una persona famosa. Pero aprendió que cuidarse a sí misma era realmente importante y la hacía sentir mejor.

Michelle Obama quiere que todos sepan que cuidarse a sí mismo es algo bueno. Te ayuda a ser más fuerte, a sentirte menos preocupado y estresado, y a ser más saludable en general. También le gusta hacer cosas como hacer ejercicio, comer alimentos saludables y pasar tiempo con las personas que le importan, como una forma de cuidarse a sí misma.

Lucie S. Matsouaka

AUTO CONFIANZA

Érase una vez una conejita llamada Mimi. Mimi era una coneja tímida y tímida que tenía miedo de probar cosas nuevas. Siempre estaba preocupada por lo que los demás pensarían de ella y tenía miedo de cometer errores.

Un día, Mimi fue invitada a una gran fiesta organizada por el Rey del bosque. Mimi estaba emocionada pero también muy nerviosa por asistir a la fiesta. Le preocupaba qué ponerse, cómo hablar con los otros animales y qué pensarían de ella.

Mientras Mimi se dirigía a la fiesta, vio un pajarito posado en una rama con aspecto triste. Mimi le preguntó al pájaro qué le pasaba, y el pájaro respondió: "Soy demasiado pequeño para volar con los otros pájaros. Tengo miedo de no poder volar nunca como ellos".

Mimi entendió cómo se sentía el pájaro y decidió ayudar al pajarito. Ella le dijo al pájaro que tenía que creer en sí mismo y tener confianza en sus habilidades. Mimi explicó que si él creía que podía volar, sería capaz de volar más alto que cualquier pájaro en el cielo.

El pajarito escuchó las sabias palabras de Mimi y decidió intentarlo. Con el apoyo de Mimi, el pajarito batió sus alas y se elevó alto en el cielo, y se sintió orgulloso de sí mismo.

Al ver el éxito del pajarito, Mimi se dio cuenta de que ella también necesitaba tener confianza en sí misma. Decidió respirar hondo, poner una sonrisa en su rostro y entrar a la fiesta con confianza.

Cuando Mimi entró en la fiesta, vio que todos los animales la miraban fijamente, pero en lugar de sentirse cohibida, caminó con confianza y saludó a todos con una sonrisa. Los otros animales estaban felices de verla.

Mimi la pasó muy bien en la fiesta e hizo muchos amigos nuevos. Aprendió que tener confianza en sí misma era esencial y le permitió probar cosas nuevas, hacer nuevos amigos y superar sus miedos.

A partir de ese día, Mimi dejó de ser una coneja tímida y tímida. Era segura de sí misma, valiente y siempre estaba dispuesta a probar cosas nuevas. Aprendió que tener confianza en uno mismo era la clave del éxito y que todos pueden lograr grandes cosas si creen en sí mismos.

EL FIN

Ejemplo En La Vida Real

Rafael Nadal es un tenista profesional de España, conocido por su increíble habilidad, agilidad y fortaleza mental en la cancha de tenis. Ha ganado numerosos títulos de Grand Slam y es considerado uno de los mejores tenistas de todos los tiempos.

Si bien Nadal no ha enfatizado explícitamente la importancia de la confianza en uno mismo en la vida de la misma manera que lo haría alguien en un libro de autoayuda, sus acciones y su mentalidad en la cancha de tenis dicen mucho sobre el papel de la confianza.

La inquebrantable confianza en sí mismo de Nadal es evidente en su forma de jugar. A menudo muestra una concentración intensa, determinación y una actitud de nunca darse por vencido, independientemente del resultado o la situación. Este nivel de confianza no se trata sólo de creer que ganará cada punto, sino de creer en su capacidad para manejar cualquier cosa que se le presente, adaptarse y seguir avanzando, incluso en momentos difíciles.

Fuera de la cancha de tenis, Nadal suele hablar de la importancia del trabajo duro, la dedicación y mantener una actitud positiva. Si bien no se ha centrado explícitamente en la confianza en uno mismo en la vida, estos valores y su enfoque del juego enfatizan indirectamente la importancia de la confianza en uno mismo y la confianza para lograr las metas propias, ya sea en los deportes u otros aspectos de la vida.

Lucie S. Matsouaka

AUTODISCIPLINA

Érase una vez un niño llamado Antonio. Antonio era un niño despreocupado al que le encantaba jugar y divertirse. Tenía muchos amigos y todos los demás niños del pueblo lo amaban. Pero Antonio tenía un problema; era muy vago e indisciplinado.

Antonio se levantaba tarde por la mañana y se perdía el desayuno. Nunca completaba su tarea a tiempo y su maestro siempre lo regañaba. Perdía el tiempo jugando y viendo la televisión en lugar de estudiar.

Un día en la escuela, el director anunció que iba a haber un concierto de música. La banda de música era la banda de música favorita de Antonio. Solo los estudiantes que habían entregado todas sus tareas y que no faltaron a la escuela iban a recibir un boleto.

Antonio estaba furioso. Se fue a casa llorando. "Mamá, esto no es justo. ¡Quiero ir al concierto!" El padre de Antonio lo sentó y le dijo: "Te hemos estado hablando sobre la autodisciplina y lo importante que es, pero no estás escuchando. No está completamente perdido, pero requerirá más disciplina y trabajo duro de su parte. Si quieres lograr tus objetivos, tendrás que ponerte serio".

Antonio sollozaba mientras escuchaba a su padre. Se dio cuenta de que si quería tener éxito en la vida, necesitaba ser disciplinado. Si quería convertirse en el destinatario de un boleto gratis para ver a su banda de música favorita, tenía que dejar de distraerse. A partir de ese día, Antonio comenzó a levantarse temprano en la mañana para prepararse para la escuela. Comenzó a completar su tarea a tiempo y a estudiar con regularidad.

El arduo trabajo y la disciplina de Antonio dieron sus frutos. Empezó a sacar buenas notas en la escuela y su maestra estaba muy orgullosa de él. Sus amigos estaban asombrados de lo mucho que había cambiado. Unos meses más tarde, cuando el director de la escuela anunció los nombres de los ganadores, Antonio escuchó su nombre y estaba increíblemente feliz y orgulloso de sí mismo.

EL FIN

Ejemplo En La Vida Real

Carlos Slim es un exitoso empresario y filántropo de México que valora la autodisciplina en su vida personal y profesional. Esto significa que trabaja duro, se fija metas y evita pedir dinero prestado siempre que sea posible. También se asegura de mantenerse en forma haciendo ejercicio regularmente.

Slim cree que tener autodisciplina es importante para lograr el éxito, tanto en los negocios como en la vida. Alienta a otros a seguir su ejemplo trabajando duro y siendo responsable de sus acciones. Slim también ha apoyado muchas iniciativas educativas y culturales que promueven estos valores.

Lucie S. Matsouaka

AUTOESTIMA

Érase una vez un ratoncito llamado Malik. Malik vivía en una hermosa pradera con todos sus amigos. Pero, a diferencia de todos los demás ratones, Malik siempre estaba triste y deprimido. No importa lo que hicieran sus amigos, parecía que no podían animarlo.

Un día, uno de sus amigos le preguntó: "¿Por qué siempre estás tan triste?". Malik respondió: "No me gusto a mí mismo. No creo que sea lo suficientemente bueno, o lo suficientemente inteligente, o incluso hermoso. ¡Mira tu hermoso pelaje! El mío es feo.

Su amigo asintió y dijo: "No digas eso, Malik. Todos son especiales y únicos a su manera. Nos encanta tu pelaje. Solo necesitas creer en ti mismo y tener autoestima".

Malik estaba confundido. "¿Qué es la autoestima?" Su amigo dijo: "Mis padres me dijeron que la autoestima es cuando crees en ti mismo y te amas tal como eres". Continuó diciendo: "Mira, tu pelaje es diferente al mío porque así naciste. Eres único y yo soy único también. Ambos somos hermosos a nuestra manera".

Malik sonrió y decidió creer lo que decía su amigo sobre su pelaje. Empezó a tener pensamientos positivos sobre sí mismo y pronto sintió un gran cambio en su interior. Se sentía más feliz y más confiado. Empezó a correr y jugar con sus amigos, como solía hacerlo.

Malik nunca olvidó esta lección. Decidió amarse a sí mismo tal como era y nunca olvidar la importancia de la autoestima.

EL FIN

Ejemplo En La Vida Real

Jim Rohn fue un líder que ayudó a las personas a sentirse bien consigo mismas. Él creía que sentirse bien consigo mismo es realmente importante si quiere ser feliz y exitoso en la vida. Aquí hay algunas cosas que dijo para ayudar a las personas a sentirse bien consigo mismas:

Primero, Jim Rohn dijo que debes intentar hacer cosas que te ayuden a crecer y aprender. Esto podría ser aprender nuevas habilidades o probar cosas nuevas que son desafiantes. Cuando trabajas duro para lograr tus objetivos, te ayuda a sentirte orgulloso de ti mismo y más seguro.

En segundo lugar, Jim Rohn dijo que debes tratar de pasar tiempo con personas que sean positivas y que te apoyen porque pueden ayudarte a aumentar tu autoestima y hacerte sentir más feliz.

Finalmente, Jim Rohn dijo que debes practicar decirte cosas amables a ti mismo. Esto significa hablar contigo mismo de una manera positiva y recordarte todas las cosas buenas que tienes. Cuando te enfocas en tus fortalezas y logros, te ayuda a sentirte más seguro y feliz.

SERVICIO

Érase una vez, en un reino lejano, había un príncipe llamado Alex. Alex era amable y generoso, pero no era un príncipe típico. No estaba interesado en gobernar el reino con puño de hierro o convertirse en el gobernante más poderoso. En cambio, quería servir a su pueblo y mejorar sus vidas.

Un día, Alex se fue de viaje para visitar a la gente del reino y ver cómo podía ayudar. Visitó pueblos y ciudades, habló con granjeros, comerciantes y artesanos, y escuchó sus problemas. Pronto se dio cuenta de que el reino se enfrentaba a una sequía terrible y que las cosechas estaban fallando. La gente pasaba hambre y muchos abandonaban el reino en busca de comida.

El príncipe Alex sabía que tenía que hacer algo para ayudar. Hizo un llamado a todas las personas del reino para que vinieran al castillo. Les explicó la situación y les dijo que iba a liderar una misión para encontrar agua y traerla de regreso al reino.

La gente quedó asombrada e inspirada por el liderazgo del Príncipe Alex. Se unieron a él en el viaje y trabajaron juntos para encontrar el agua. Llevaban baldes pesados y trabajaban incansablemente, pero estaban muy animados porque estaban haciendo algo para ayudar a su reino.

Después de muchos días de búsqueda, finalmente encontraron un río que fluía con agua fresca y limpia. Llenaron sus cubos y comenzaron el viaje de regreso al reino. En el camino, encontraron obstáculos, como montañas empinadas y ríos embravecidos, pero nunca se dieron por vencidos.

Cuando finalmente regresaron al reino, la gente vitoreó y agradeció al Príncipe Alex por su liderazgo. Los había conducido al agua y los había ayudado a salvar sus cosechas y su reino.

A partir de ese día, el Príncipe Alex fue conocido como el líder sirviente del reino. Continuó sirviendo a su gente y predicando con el ejemplo, mostrándoles que el mejor líder es el que sirve.

EL FIN

Ejemplo En La Vida Real

George W. Bush fue el presidente número 43 de los Estados Unidos y pensó que era muy importante que la gente ayudara a los demás. Quería que todos hicieran algo bueno por sus comunidades y marcaran una diferencia en el mundo. Para ayudar a la gente a hacer esto, Bush inició un programa llamado USA Freedom Corps. Pidió a los estadounidenses que pasaran al menos 4.000 horas ayudando a otros como voluntarios o trabajando en puestos de servicio público.

Bush creía que el servicio y la ayuda a los demás eran valores importantes que debían tener los estadounidenses. Habló mucho de esto en sus discursos y dijo que amando a nuestro prójimo y ayudándonos unos a otros, podemos hacer del mundo un lugar mejor y más esperanzador.

CONCLUSIÓN

Estimado amigo,

Estoy seguro de que disfrutó leyendo todas estas increíbles historias y también conociendo a algunos líderes en la vida real que poseen algunas de esas grandes cualidades.

En conclusión, un líder fenomenal es alguien que posee cualidades como empatía, coraje, integridad, amabilidad, confianza en sí mismo y mucho más. Si piensas en alguna otra cualidad que no mencioné en este libro de cuentos, escríbela y compártela con las personas que te rodean.

A medida que crezca, espero que recuerde estas historias y se esfuerce por encarnar estas cualidades en su propia vida. Ya sea que se convierta en un líder en su escuela, su comunidad, la arena política, la ciencia, el campo médico, los negocios o incluso entre sus amigos y familiares, tendrá las herramientas que necesita para tener un impacto positivo en el mundo. Hay mucho trabajo por hacer y cuento contigo.

Sé que predicarás con el ejemplo y siempre estarás dispuesto a tomar decisiones difíciles por el bien común. Las cualidades que hacen a un gran líder se pueden desarrollar y perfeccionar con práctica y determinación.

Finalmente, deberás practicar el amor genuino por las personas. Cuando un líder se preocupa genuinamente por las personas, se vuelve mucho más fácil para él (o ella) escucharlas, respetarlas, ser amable con ellas, ser compasivo y servirlas.

Recuerde, todos los grandes líderes comenzaron siendo pequeños, pero con trabajo duro y dedicación a sus objetivos, se convirtieron en las grandes figuras inspiradoras en las que usted aspira a convertirse. Por lo tanto, no tenga miedo de dar un paso al frente y liderar. No tengo ninguna duda de que, con un poco de perseverancia, se convertirá en el líder fenomenal que Dios le creó para ser.

Te amo mi amigo.

SOBRE EL AUTOR

Lucie S. Matsouaka es autora, oradora internacional, entrenadora de carrera profesional certificada, consultora certificada en derechos humanos y entrenadora de liderazgo juvenil bilingüe (francés e inglés). Su propósito es guiar a los padres para que apoyen mejor la pasión de sus hijos y alimenten sus sueños.

También empodera e inspira a jóvenes líderes a nivel mundial brindándoles las herramientas, los recursos y las oportunidades necesarios para desarrollar sus habilidades de liderazgo, desarrollar su confianza y conciencia cultural e impactar positivamente tanto en sus comunidades como en el mundo.

Lucie ha sido reconocida por su trabajo en todo el mundo. En julio de 2020, después de hablar ante más de 500 jóvenes de todo el mundo en asociación con el Centro para la Paz de la UNESCO, la Asamblea General de Maryland le otorgó una mención oficial en reconocimiento a su compromiso continuo con la promoción de la paz y los derechos humanos.

Lucie es una defensora de la diversidad y la inclusión que fue reconocida como Bestseller de Amazon por su trabajo como coautora con varias autoras negras. Su libro más vendido, 'Black Girls Hear', lo lleva a través de las experiencias detalladas y fascinantes de los autores y cómo esas experiencias han transformado sus vidas.

Lucie vive en Carolina del Norte, EE. UU. con su esposo y sus dos hijos.